Klassische

Scherenschnitte

Porträts

Bettina Preuß

Klassische Scherenschnitte Porträts

ENGLISCH VERLAG

Die Deutsche Bibliothek – CIP-Einheitsaufnahme
Klassische Scherenschnitte: Porträts / Bettina Preuß. – Wiesbaden: Englisch, 2000
ISBN 3-8241-1049-0

ISBN 3-8241-1049-0

Fotos: Frank Schuppelius
Herstellung: Michael Feuerer
Printed in Spain

Inhaltsverzeichnis

Vorwort

Porträt-Scherenschnitte sind das Thema dieses Buches. Die Kunst, schwarzes Papier für Schnitte einzusetzen, schien über Jahrzehnte fast vergessen, doch nun erlebt der Umgang mit Papier und Schere einen neuen großen Aufschwung. Diese positive Entwicklung ist weiter nicht verwunderlich, denn beim Scherenschnitt lässt sich mit wenig Aufwand Großes erreichen.
Leider wird mit dem Begriff „Scherenschnitt" meistens die Vorstellung von Kindermotiven im Biedermeierstil verbunden, sehr zu Unrecht dieser vielseitigen Technik. Unter dem Begriff „Scherenschnitt" haben viele ausgeprägte Eigenarten und Gestaltungsformen ihren Platz, darunter auch der Porträtschnitt mit seinen vielfältigen Erscheinungsformen. In diesem Buch werden die häufigsten Porträttypen aufgeführt und im einzelnen beschrieben. Mit Hilfe von Schritt-für-Schritt-Abbildungen kann die Entstehung des jeweiligen Porträts leicht nachvollzogen werden. Natürlich werden und sollten die ersten Versuche einfacher Natur sein, aber nach ein bisschen Probieren und Üben entstehen bald kleine und große Kunstwerke. Spätestens dann wird der Umgang mit Papier und Schere zu einem schönen Erlebnis für Sie und für alle anderen.

Viel Erfolg wünscht

Bettina Preuß

Material und Werkzeug

Wer sich dem alten Kunstzweig des Porträtschnittes zuwenden will, muss ein wenig Material, Werkzeug und viel Geduld und innere Ruhe mitbringen.

Fast alle Papiersorten eignen sich für den Porträtschnitt. Für die Schnitte in diesem Buch werden schwarzes, weißes und farbiges Papier verwendet. Im Handel ist spezielles Scherenschnittpapier erhältlich. Tolle Effekte können Sie auch mit Geschenkpapieren, bedruckten Folien und Zeitungspapier erzielen.
Sie benötigen unbedingt eine gute spitze und sehr scharfe Silhouettenschere. Investieren Sie für die Schere ruhig ein paar Mark mehr, es lohnt sich fast immer. Mit der Qualität der Schere steht und fällt der Scherenschnitt.
Gute Scheren sind schon ab ca. 25,– DM erhältlich.
Zur weiteren Standardausrüstung gehören ein mittelharter Bleistift, ein guter nicht schmierender Radiergummi – hier ist auch ein Radierstift eine gute Alternative –, ein Anspitzer und ein Lineal sowie Schneiderpapier zum Übertragen der Konturen.
Als Klebstoff können Sie einen Klebestift benutzen, damit kann punktuell geklebt werden. Von flüssigen Klebern ist generell abzuraten, da sie verlaufen und dann eventuell an den Papierrändern sichtbar werden. Ein solcher Kleberand ist unschön und mindert die Wirkung eines Porträts erheblich. Im Handel ist auch ein Kleb-Kulli erhältlich. Hierbei handelt es sich um einen flüssigen Kleber, mit dem sich sehr feine Striche oder Linien ziehen lassen und der punktuell einsetzbar ist. Wenn man möchte, kann man die Scherenschnittporträts mit kleinen Metallelementen, Steinen, Ketten und anderen Schmuckstücken in Kombination zum Papier abrunden. Es lassen sich dadurch besonders ausgefallene Effekte erzielen.

Kleine Scherenschnittgeschichte

China gilt als Ursprungsland des Scherenschnittes. Aus Leder und Pergament wurden Figuren für das Schattenspiel geschnitten. Schattenspiele und Scherenschnitte kamen dann im 17. Jahrhundert nach Europa. Hier wurde weißes, schwarzes und häufig auch farbiges Papier benutzt. Motive jeder Art fanden als Albumblätter, Gesangbucheinlagen und Glückwunschkarten Verwendung. Schachteln, Fächer und Laternen wurden mit den zarten Papiergebilden beklebt. Schattenporträts tauchten erst zu Beginn des 18. Jahrhunderts an kleinen Fürstenhöfen in England auf. Diese Schattenbilder wurden immer populärer und schon bald zu einem Gesellschaftsspiel der kunstliebenden bürgerlichen Familien. Die Bezeichnung „Silhouetten-Schnitt“ hat der damalige französische Finanzminister Etienne de Silhouette geprägt, der um 1757 harte Sparmaßnahmen veranlasste. Die neue preisgünstige Art des Porträts wurde immer beliebter und höhnisch nach ihm benannt. Zur Herstellung des Porträts stellte man eine Kerze vor das Profil der Person, sodass der Schatten auf ein Stück Papier fiel. Die Umrisse des Schattens wurden nachgezeichnet und mit Hilfe eines Verkleinerungsgerätes, eines sogenannten Storchenschnabels, auf schwarzes Papier übertragen. In den nachfolgenden Jahrzehnten entwickelte sich der Porträt- oder Silhouettenschnitt in allen Gesellschaftsschichten. Goethe war beispielsweise ein großer Freund des Porträtschnittes. Er schrieb 1791: „Jedermann war darin geübt.“ Die Bedeutung als preisgünstige Porträtform und weit verbreitete Freizeitbeschäftigung ging leider über die Jahre verloren. Umso erfreulicher ist die derzeitig steigende Popularität und die Bereitschaft, sich wieder in dieser traditionellen Kunstform zu üben.

Übertragungstechniken

Beim Scherenschnitt lassen sich die vorgestellten Motive kopieren und nachschneiden. Beim Porträtschnitt ist dieses nicht möglich, da die in diesem Buch vorgestellten Köpfe nicht die von Ihnen ausgewählten Personen darstellen. Es stellt sich die Frage, wie sich das Gesicht der zu porträtierenden Person auf Ihr Blatt Papier bringen lässt. Es gibt verschiedene Möglichkeiten, die schwierigste ist wohl das freie Zeichnen nach Augenmaß. Es gibt auch ein paar einfachere Möglichkeiten.

Die älteste Methode ist das Nachzeichnen eines Schattens. Dazu wird eine Kerze oder eine andere Lichtquelle vor das Profil der Person gestellt, sodass ein Schatten auf eine dahinter liegende Wand fällt. Dort wird ein Blatt Papier befestigt und der darauffallende Schatten vorsichtig nachgezogen. Das Verkleinern ist heutzutage mit einem Fotokopierer kein Problem mehr. Diese Methode ermöglicht aber nur die Übernahme der Außenkonturen, genauere Gesichtszüge bleiben dabei unbeachtet. Für sie kann eine Fotografie benutzt werden. Diese kann wiederum per Kopiergerät auf die gewünschte Größe gebracht werden, und sie steht immer wieder zur Verfügung. Mit Schneiderpapier werden die Gesichtsstrukturen und Kopfformen auf schwarzgrundiges Papier übertragen. Die hauptsächlichen Gesichtsteile müssen nachgezeichnet werden. Dabei ist es nebensächlich, ob Sie ein Frontporträt oder ein Profilporträt anfertigen wollen. Sobald Sie sich für Innenschnitte entscheiden, benötigen Sie eine genaue Zeichnung dieser Motivelemente. Diese werden dann in das Hauptmotiv eingebunden.

Grundtechnik Einzelporträts

Beim Scherenschnitt sind einige grundsätzliche Dinge zu beachten. Ein Scherenschnittporträt, auch wenn es noch so einfach anmutet, kann nicht in Hast und Eile entstehen. Nehmen Sie sich also immer ausreichend Zeit, und gönnen Sie sich etwas Ruhe. Wählen Sie Ihren Arbeitsplatz sorgfältig nach den Kriterien Beleuchtung, Arbeitsfläche, Bestuhlung und Höhe des Tisches aus. Ein zu dunkler Arbeitsplatz schadet den Augen und verursacht schon nach kurzer Zeit unangenehme Kopfschmerzen. Die gleiche Wirkung hat ein zu niedriger Tisch und ein Stuhl ohne Rückenlehne. Die Arbeitsfläche sollte ausreichend groß sein, damit Sie zusätzliche Materialien und Ihr Werkzeug immer parat haben.
Generell besteht ein Scherenschnittporträt immer aus einem Stück, alle Motivelemente sind miteinander verbunden. Freischwebende Teile des Motivs müssen schon beim Vorzeichnen mit dem Hauptmotiv verbunden werden. Dazu werden andere Motivelemente eingesetzt. Gesichtsstrukturen wie zum Beispiel die Augen müssen durch einen geschickt angepassten Schatten oder eine unauffällig verlängerte Augenbraue mit dem Hauptmotiv verbunden werden. Ausnahmen bilden spezielle Techniken, die mit zusätzlichen farbigen Papieren und in Kombination mit anderen Materialien zur Geltung kommen.

Das eigentliche Schneiden teilt sich in zwei Hauptarbeitsschritte auf. Zuerst werden bei allen Porträtarten die meist viel feineren und umfangreicheren Innenschnitte gearbeitet. Die Außenkonturen werden erst zum Schluss angelegt. Diese Reihenfolge ermöglicht Ihnen, das Arbeitsobjekt möglichst lange bequem festhalten zu können, und der Schnitt bleibt so lange wie möglich stabil. Für saubere und feine Innenschnitte sollten Sie das richtige Einstechen der Schere in das Papier üben. Die Schere wird dabei nur mit der Spitze auf das Papier gesetzt. Der Zeigefinger der freien Hand fängt den Druck der Schere auf der Rückseite des Papieres ab. Ein ganz zarter Ruck reicht jetzt aus, um ein kleines Loch in das Papier zu stechen. Ausgehend von diesem Loch kann dann der Innenschnitt beendet werden. Je feiner und zarter Sie einstechen können, desto besser werden die filigranen Innenschnitte gelingen. Üben Sie daher erst einmal an einem separaten Stück Papier. Beachten Sie, dass das Einstechen schwieriger wird, je dicker Ihr Papier ist. Nach Abschluss aller Innenschnitte können Sie dem Porträt die gewünschten Außenkonturen geben. Schneiden Sie dazu entlang der vorgezeichneten Konturen. Im Normalfall wird das fertige Stück nur noch umgedreht und kann dann seitenverkehrt aufgeklebt werden. Sie können das Porträt aber auch mit anderen Materialien und farbigen Papieren zu einem Gesamtkunstwerk kombinieren.

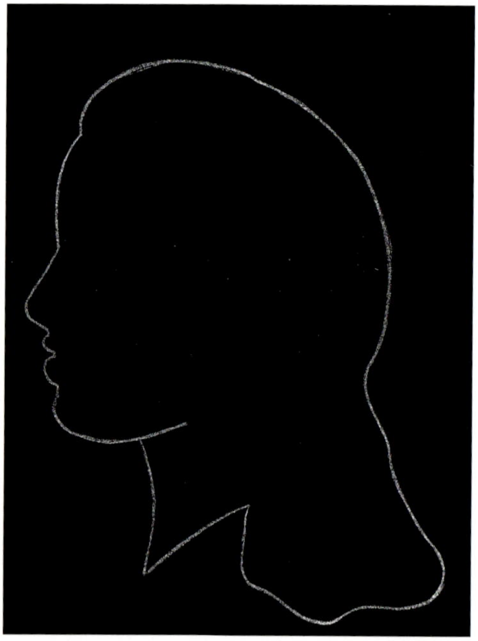

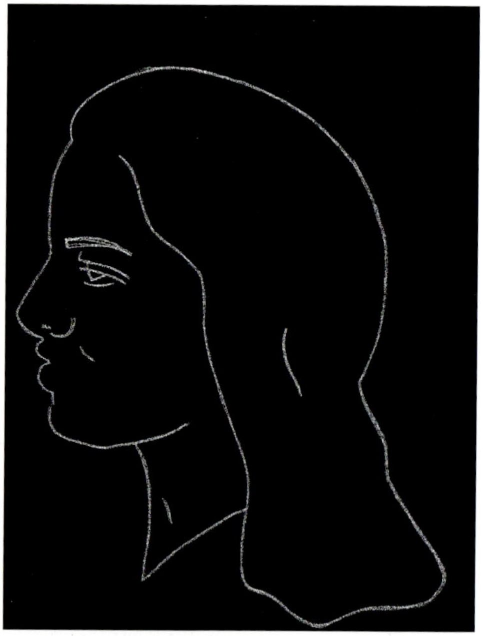

Ausführung

1. Schritt: Ein Porträt baut sich aus mehreren Elementen auf und wird in drei Hauptarbeitsschritten angefertigt. Die wichtigsten Elemente sind Außenkonturen, Innenschnitte, Gesichtsstrukturen und Farbwirkung, eventuell auch zusätzliche Materialien. Nicht alle Porträts beinhalten alle diese Elemente. Beginnen Sie zuerst mit dem Zeichnen der Außenkonturen. Das hier vorgestellte Frauenporträt könnte auch ohne weitere Zusätze bestehen und wäre durchaus sehenswert.

2. Schritt: Dann werden die Gesichtsstrukturen eingezeichnet. Darunter versteht man die Partien um Augen, Nase und Mund. In diesem Beispiel wird zusätzlich eine Haarlinie und eine Augenbraue eingefügt.

3. Schritt: Jetzt beginnt das Schneiden. Zunächst werden die kleineren Gesichtsstrukturen als Innenschnitte gearbeitet. Erst wenn dieser Teil beendet ist, sollten Sie mit den Außenkonturen beginnen.

Die Porträts dieser Geschwister sind als einfache Umrisse angelegt. Dennoch besitzen Sie eine enorme Wirkung durch die Details der Haare und der Kleidung und sollten ganz sorgfältig gearbeitet werden.

Ein allgemeiner Umriss lässt sich als klassisches Profilmotiv arbeiten. Das Porträt besteht nur aus Außenkonturen. Ein solches Porträt ist auch von Anfängern schnell geschnitten.

Das gleiche Motiv wird mit Innenausschnitten ergänzt, um die Gesichtszüge des jungen Mannes zu zeigen.

Bei diesem Porträt stellt der Bart eine Herausforderung für den Scherenschnittkünstler dar. Schneiden Sie die Bartspitzen immer wieder neu an, das heißt die Spitzen werden von unten angeschnitten und bis zum höchsten Punkt gearbeitet. Für die Gegenseite gehen Sie genauso vor. Keinesfalls sollte am höchsten Punkt die Schere gedreht werden, um dann die Gegenseite zu schneiden. Dies ergibt abgerundete Ecken.

Das einfache Porträt wirkt durch die Struktur des Zopfes und die Innenausschnitte. Das Profil wird nur grob ausgearbeitet. Auf die Innenschnitte sollte bei diesem Beispiel nicht verzichtet werden, damit das Porträt seine Wirkung entfalten kann.

Hier sind die fein geschnittenen Haare am Pony und am Zopf besonders auffällig. Üben Sie solch zarte Schnitte erst an einem Probestück.

Ein schlichtes Porträt, wie das dieser Frau, kann sehr ausdrucksstark wirken. Die klare Stirn und die Kinnlinie heben den starken Charakter in diesem Beispiel hervor.

Das Porträt dieses Jungen zeigt deutlich den Übergang vom Kinderkopf zum typischen Porträt eines Erwachsenen. Die Gesichtsstrukturen sind sehr klar umrissen, der Hinterkopf und die gesamte Kopfform wirken aber noch sehr rund wie bei kleinen Kindern.

Bei einem Porträtschnitt besteht die Möglichkeit, das Gesicht nur durch die Nutzung von Schattenbereichen kenntlich zu machen.
Die Schattenpartie an der linken Gesichtshälfte bindet Augen und Mund an das Gesamtmotiv. Dazu werden die ansonsten unauffälligen Bereiche verlängert und mit den Haaren und dem Hals verschmolzen.

Die beiden Kinderköpfe gehen weit über das Stadium des einfachen Umrisses hinaus. Sie sind gelungene Portraits in Schwarzweiß. Hierbei werden hohe Anforderungen gestellt, Anfänger sollten sich zunächst an weniger anspruchsvollen Motiven üben.

Hier handelt es sich um ein typisches Beispiel des klassischen Profilporträts. In dieser Art wurden früher die meisten Scherenschnitte hergestellt. Das Porträt besitzt keinerlei Innenschnitte und wirkt nur durch die äußeren Konturen.

Ein klassisches Frauenporträt lebt von feinen Innenschnitten und lebhaften Konturen. Für Anfänger der Scherenschnitttechnik ist es zu empfehlen, die zarten Innenschnitte erst einmal wegzulassen und nur die Außenkonturen zu schneiden.

Für das klassische Porträt einer Frau im Trachtenkostüm werden die Haare und der Hut etwas aufwendiger gearbeitet. Die feinen Strukturen geben dem Porträt seine besondere Note.

Bei diesem Porträt wird nur eine Gesichtshälfte abgebildet. Der linke Gesichtsbereich ist lediglich durch das Auge angedeutet. Diese leicht abstrakte Form ist für unsere Augen ungewohnt, das Gesamtbild scheint unvollendet zu sein. Eine Kombination mit farbigem Papier oder mit zusätzlichen Materialien würde sich hier empfehlen, um das Porträt abzurunden.

Für dieses Jugendstilporträt sind die Haare aufwendig herausgearbeitet. Typisch für diese Stilrichtung ist es, das Porträt mit Ornamenten und Verzierungen zu umranden.

Bei diesem Frauenkopf handelt es sich um ein Porträt mit sehr stark stilisierten Merkmalen. Es werden zwar nur wenige Innenschnitte gearbeitet, diese sind aber wirkungsvoll platziert. Das angedeutete Ohr mit dem Ohrschmuck steht im Mittelpunkt.

Für das aussagekräftige Porträt dieser jungen Frau werden die Gesichtskonturen mit sehr feinen Innenschnitten herausgearbeitet. Das Haar schneiden Sie nur als Außenkontur, da die Dame helle Haare hat. Der Farbkontrast belebt den Scherenschnitt.

Gruppenbilder

Porträt-Silhouetten können auch als Gruppenbilder geschnitten werden. Diese Gruppen stellen sich in den unterschiedlichsten Variationen dar. Grundsätzlich gelten auch beim Gruppenschnitt die in der Grundtechnik benannten Scherenschnittvorgaben. Nur die Aufteilung der Arbeitsschritte weicht etwas ab. Alle Gesichter einer Porträtgruppe sollten zuerst als einzelnes Porträt angefertigt werden. Dabei ist es nicht notwendig, diese auch fertig zu schneiden.

Fühlen Sie sich bei dem eigentlichen Schneiden sicher genug, genügt auch das Aufzeichnen der einzelnen Köpfe. Wollen Sie eine Porträtgruppe ausarbeiten, die mehrmals das gleiche Motiv wiederholt, ist das Anfertigen einer Schablone empfehlenswert, da es sehr schwer fällt, das gleiche Porträt mehrmals identisch zu zeichnen. Liegen Ihnen schließlich alle Zeichnungen oder eine Schablone vor, werden diese zu dem eigentlichen Gruppenbild zusammengesetzt. Dabei muss wiederum bedacht werden, dass beim Scherenschnitt alles aus einem Stück Papier besteht. Dies bedeutet, dass sich alle Teilporträts berühren und miteinander verbunden sein müssen.

Beim Familienporträt werden die Gesichter hintereinander angeordnet, sodass von der vorderen Person ein Teil des Hinterkopfes abgedeckt wird. Das Kompassporträt richtet die Gesichter zu allen vier Himmelsrichtungen aus. Die wohl schwierigste und arbeitsintensivste Variante ist eine Kombination aus Profilporträt und Frontporträt. Dabei wird das Gesicht einmal im Profil und einmal von vorn abgebildet. Bei allen Gruppenbildern gibt es die Möglichkeit, nur einfache Porträts ohne Gesichtsstrukturen wie Nasen, Augen und Mund zu schneiden. Auf jeden Fall sind die entstehenden Gebilde sehr persönliche kleine Kunstwerke.

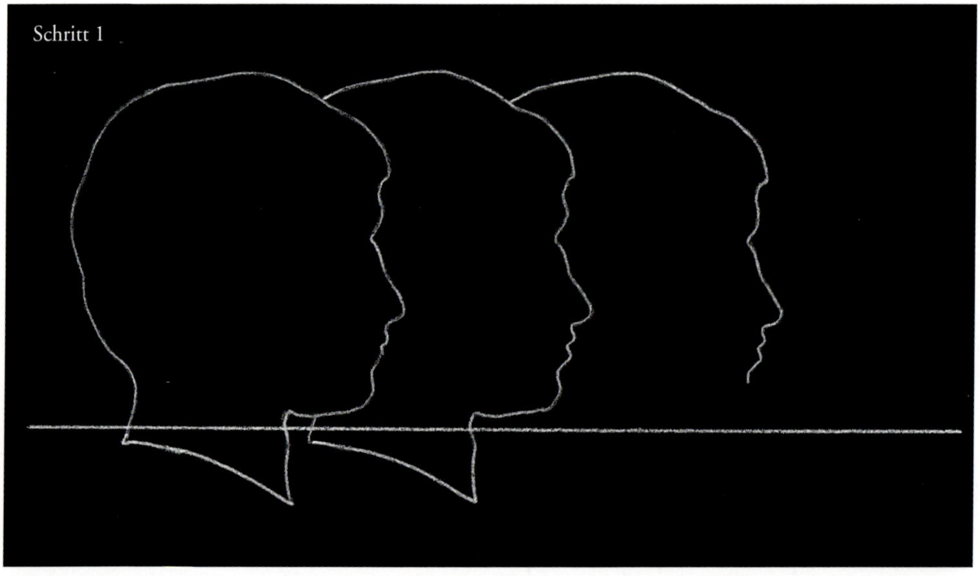

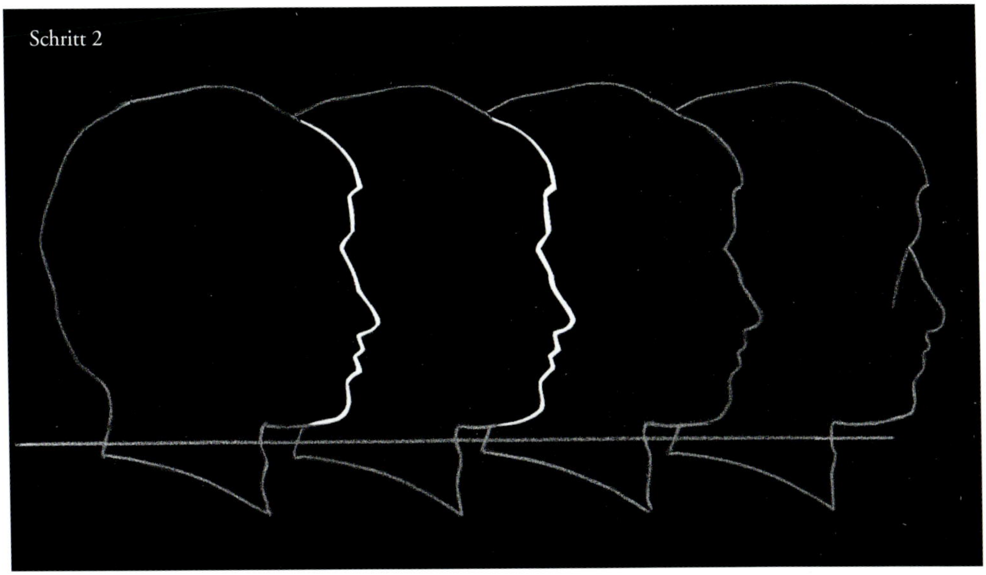

Ausführung

1. Schritt: Zunächst fertigt man sich eine einfache Schablone des Gesichtes an, da es sehr schwierig ist, mehrmals hintereinander das gleiche Gesicht zu zeichnen. Ist die Schablone fertig, ziehen Sie eine Orientierungslinie auf dem schwarzen Scherenschnittpapier. Diese Linie erleichtert später die Platzierung der Köpfe, die alle auf der gleichen Höhe liegen sollten. Beginnen Sie nun mit der Aufzeichnung. Von links nach rechts werden die Köpfe hintereinander gesetzt. Vom Porträt ganz rechts wird so ein Drittel des Hinterkopfbereiches verdeckt.

2. Schritt: Sind alle Porträts aufgezeichnet, beginnen Sie mit dem Ausschneiden der Innenschnitte.
Als Innenschnitt gelten hierbei die Gesichtskonturen. Um eine gute Wirkung zu erzielen, sollten Sie möglichst feine saubere Linien schneiden.

3. Schritt: Zuletzt werden die Außenkonturen der Porträtgruppe geschnitten.

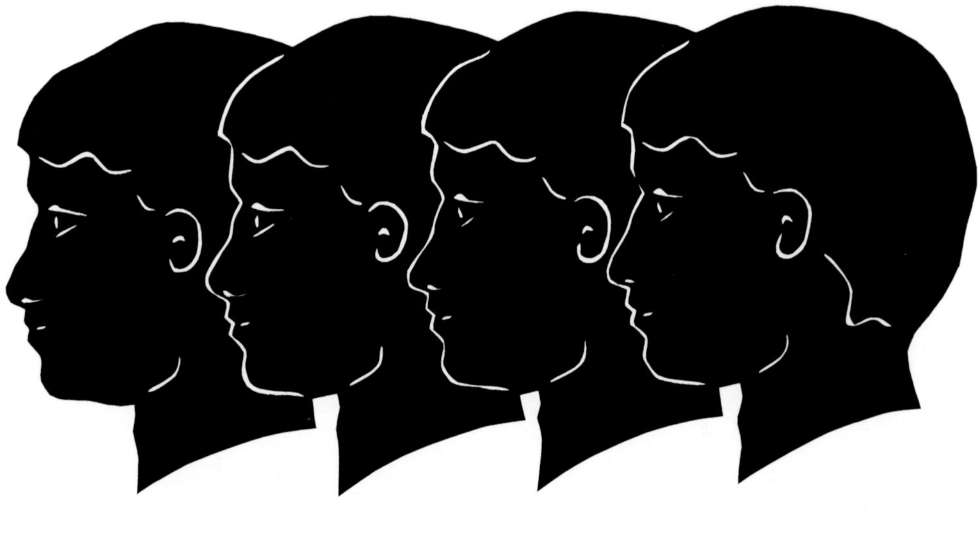

Diese Porträtgruppe lässt sich verändern, indem die Innenausschnitte ergänzt und genauere Gesichtsstrukturen eingefügt werden. Es ist allerdings notwendig, diese Linien bei der Vorzeichnung einzufügen und als Innenschnitte zu arbeiten, bevor die Außenkonturen geschnitten werden.

Man kann ein und dieselbe Person aus zwei verschiedenen Blickwinkeln betrachten und ein Porträt aus der Frontale mit einem Profil kombinieren. Dazu sollten Sie die gewählte Person in beiden Positionen vorzeichnen und im nächsten Arbeitsschritt diese Zeichnungen zu einem Motiv zusammenfügen.

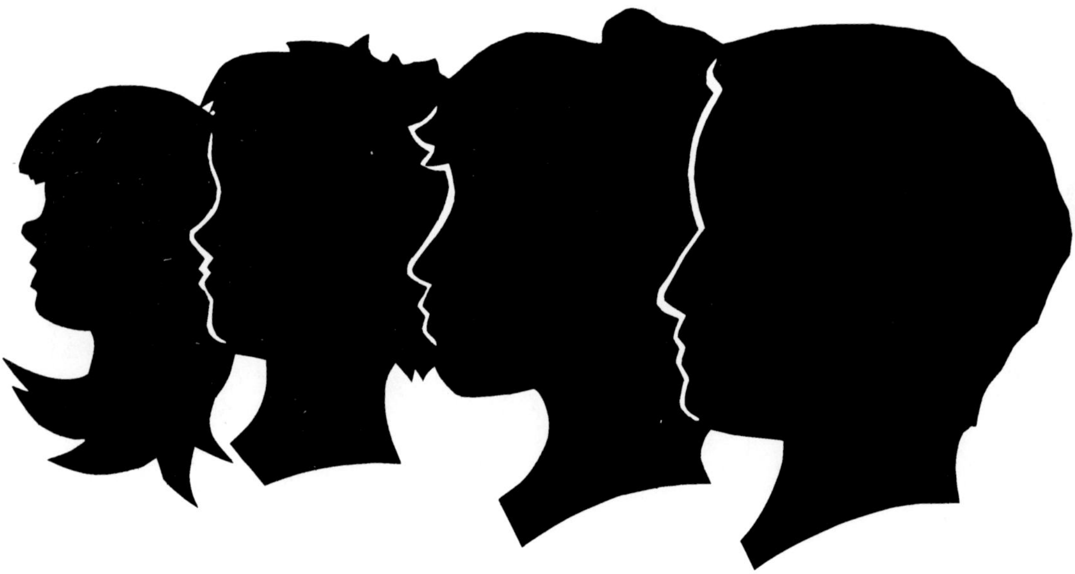

Eine Unterart des Gruppenporträts ist das Familien- oder Mehrpersonenporträt. Hierbei können beliebig viele verschiedene Personen nebeneinander dargestellt werden. Auch Freundeskreise oder andere Interessengemeinschaften lassen sich auf diese Weise abbilden. Bei diesem Beispiel handelt es sich um eine vierköpfige Familie. Die Personen werden dabei von links nach rechts angeordnet und aufgezeichnet. Fertigen Sie sich einzelne Porträts an, und setzen Sie diese zu einem Gruppenbild zusammen. Haben Sie in dieser Technik erst einmal Übung, wird es Ihnen nicht mehr schwer fallen, die einzelnen Gesichter zu einer Gruppe zu verbinden, die sich als Porträtschnitt ausschneiden lässt.

Wird die Familie lediglich mit ihren Gesichtskonturen dargestellt, ergibt sich eine einfache Porträtform, die zum Beispiel ein schönes Geschenk für Großeltern ist. Das gleiche Motiv kann aber auch mit Innenausschnitten gearbeitet werden. Die Innenschnitte sind zwar etwas umfangreicher, der Schnitt wird dadurch aber nicht schwieriger. Auch Anfänger können sich an diese Darstellung wagen. Beide Varianten lassen sich mit beliebig vielen Gesichtern ausarbeiten.

Kompassporträt

Das Kompassporträt ist eine etwas ungewöhnlichere Form des Porträts. Dabei werden vier Profile in allen vier Himmelsrichtungen angeordnet. Statt einer Person lassen sich auch vier verschiedene Personen auf diese Weise verbinden. Sie können entweder im einfachen Umriss stehen bleiben oder auch mit Innenschnitten ausgearbeitet werden. Ein Kompassporträt mit vier verschiedenen Profilen ist ein wenig einfacher anzufertigen, da Sie hierbei nur vier einzelne Motive zu einem Ganzen zusammensetzen. Fertigen Sie von jeder Person ein Einzelporträt an. Es ist nicht nötig, die Motive auch auszuschneiden. Die vorgezeichneten Profile sollten möglichst die gleiche Größe haben. Sollte dies nicht der Fall sein, können Sie mit Hilfe eines Fotokopiergerätes die Zeichnungen auf die gleiche Größe bringen, indem Sie sie verkleinern beziehungsweise vergrößern.

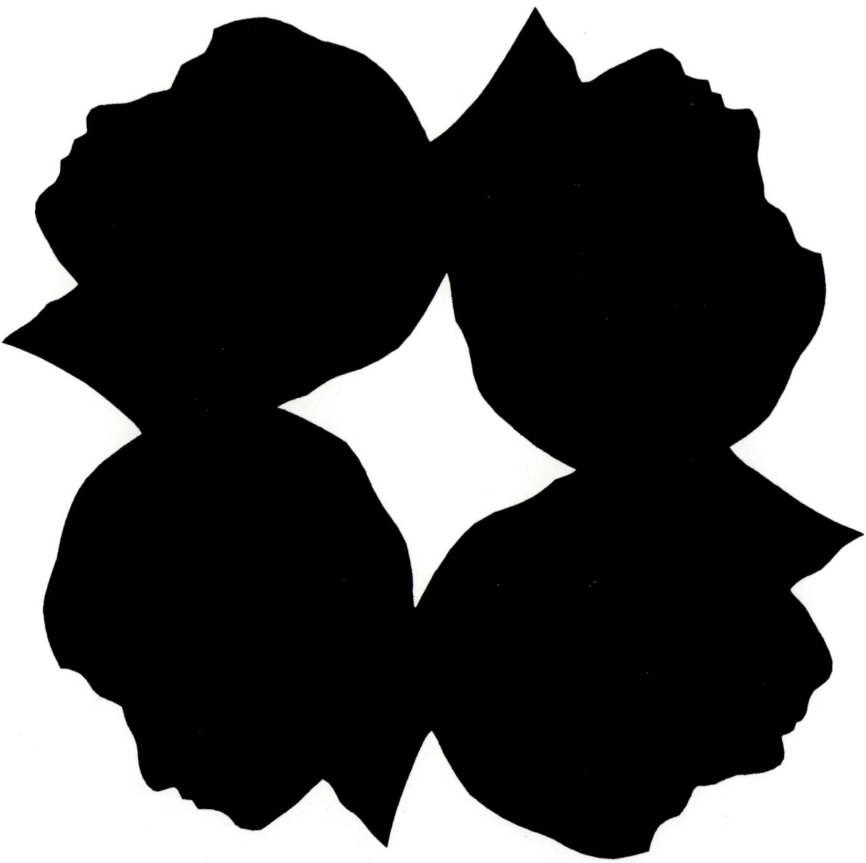

Bei diesem Gruppenporträt handelt es sich um das gleiche Motiv. Die Gesichter schauen alle nach außen, und es gibt keine Innenschnitte. Diese Variante ist einfach und sehr schnell angefertigt.

Beim Zusammenfügen zu einem großen Gruppenporträt wird zuerst ein Profil auf das gewählte Papier übertragen. Dafür können Sie das Schneiderpapier verwenden. Das Gesicht muss nach außen gerichtet sein und sollte am Papierrand platziert werden, sodass die übrigen drei Profile noch ausreichend Platz haben. Ist das erste Gesicht übertragen, werden die fehlenden Profile so ergänzt, dass jedes in eine der vier Himmelsrichtungen sieht. Die einzelnen Köpfe werden eng zusammen gezeichnet und an ein bis zwei Punkten miteinander verbunden. Ist die Zeichnung fertig, können Sie mit den Innenausschnitten beginnen, wenn Sie diese anlegen möchten. Zuletzt werden die Außenkonturen geschnitten.

Wenn Sie nur das Porträt einer Person für den Kompassschnitt verwenden möchten, sollten Sie sich zunächst eine Zeichnung anfertigen. Bringen Sie diese mit einem Fotokopierer auf die gewünschte Größe, und benutzen Sie die Fotokopie als Vorlage beim Übertragen auf das gewünschte Papier. Es ist sonst nicht ganz einfach, viermal das identische Porträt zu zeichnen. Dann verfahren Sie für das Zusammenfügen und Ausschneiden wie beschrieben.

Wenn die Köpfe Gesichtsstrukturen durch Innenschnitte erhalten, wirkt das Porträt noch interessanter und persönlicher als bei dem einfachen Umrissschnitt.

Kombi-Technik mit farbigen Papieren

Der Einsatz von farbigem Papier beim Scherenschnitt ist nicht neu. Schon im alten China wurden farbige Papiersorten mitverarbeitet. Dies ermöglicht eine Vielzahl an ungewöhnlichen klassischen und modernen Porträts. Die Gesichter können hinterlegt oder abgedeckt werden. Auf diese Weise lassen sich mit farbigen Papieren bestimmte Gesichtspartien unterstreichen. Oftmals wird das farbige Papier nur als Hintergrund verwendet, beispielsweise als besonderer Effekt für einen normalen Porträtschnitt. Der Aufbau und der spätere Gesamteindruck muss im Vorfeld genau geplant und durchdacht werden. Die Porträts werden zumeist aus schwarzem Papier geschnitten und in einem weiteren Arbeitsschritt auf oder unter das farbige Papier geklebt. Auch eine Variation mit ausschließlich farbigen Papieren ist natürlich möglich.

Ausführung

1. Schritt: Das Porträt wird aufgezeichnet

2. Schritt: Auch der Bereich, der später farbig hinterlegt werden soll, muss auf dem farbigen Papier vorgezeichnet werden.

3. Schritt: Nun wird der Innenschnitt ausgeführt. Schneiden Sie anschließend das Porträt entlang der Außenkonturen aus. Auch den Ausschnitt, den Sie später aus andersfarbigem Papier hinterlegen, schneiden Sie aus.

4. Schritt: Die Ränder des Porträts streichen Sie dort, wo der farbige Ausschnitt fixiert werden soll, mit Kleb-Kulli ein und befestigen das farbige Papier an der vorgesehenen Stelle.

Hier wird ein einfaches Kinderporträt in verschiedenen Orangetönen nachgearbeitet. Die drei Schnitte werden separat ausgeführt und dann hintereinander geklebt. Sie ergeben ein fröhliches Gesamtmotiv, denn die sonnigen Farbtöne unterstreichen den lockeren Charakter des Bildes.

Das Jungengesicht wird zum Teil mit beigefarbenem Fotokarton hinterlegt. Sie können so bestimmte Gesichtspartien hervorheben. Bei diesem Kindergesicht spart man die harten Schattenbereiche aus, sodass das Gesicht etwas weicher wirkt.

Für dieses Motiv wird ein Porträt angefertigt, das dann mit farbigem Papier hinterklebt wird. Durch die filigranen Schnitte der Haare wirkt der Porträtschnitt besonders effektvoll.

Mit diesem Schnitt wird ohne viel Aufwand eine große Wirkung erzielt. Das Porträt beinhaltet keine schwierigen Schnittpassagen und keine aufwendigen Innenschnitte. Es wird einfach ein Streifen schwarzes Papier zurechtgeschnitten und das Gesicht bis zum Haaransatz entlang des Blattrandes aufgezeichnet. Die Gesichtsstrukturen wie Nase, Augen und Mund werden nicht herausgeschnitten, sondern einfach stehen gelassen. Eine kaum merklich verlängerte Augenbraue und die Lippen binden die einzelnen Elemente an den schwarzen Papierstreifen. Der dunkelgraue Hintergrund, der hinter das Porträt geklebt wird, verleiht dem Porträt seinen besonderen Reiz.

Hierbei handelt es sich um einen modernen Scherenschnitt, bei dem die Wirkung auf den kontrastierenden Farben beruht. Das eigentliche Porträt, ein einfach gehaltenes Frauengesicht, wird dreimal geschnitten. Bei Kombinationen mit verschiedenen Farben sollte der eigentliche Porträtschnitt immer nüchterner ausfallen, da das Bild sonst leicht zu unruhig wirkt. Bei diesem Beispiel werden zuerst die beiden Köpfe aus dem schwarzen Papier geschnitten. Dabei ist darauf zu achten, dass die beiden Gesichter in einigem Abstand zueinander aufgezeichnet werden, sodass später in der Mitte ein roter Papierstreifen aufgeklebt werden kann, aus dem ebenfalls eine Gesichtskontur geschnitten wird. Nachdem die Schneidearbeiten erledigt sind, kleben Sie das schwarze Papier auf den roten Untergrund und fixieren den roten Papierstreifen mit der ausgeschnittenen Gesichtskontur in der Mitte zwischen den beiden anderen Gesichtern.

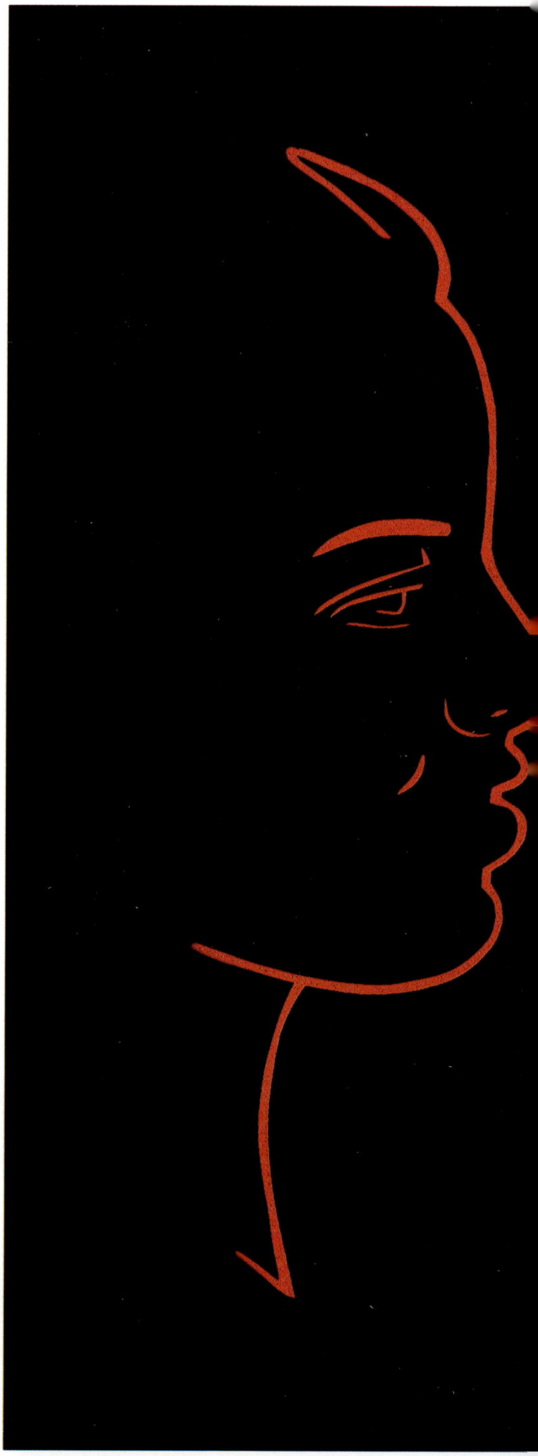

Rahmen

Wie bei vielen Scherenschnittvarianten gibt es auch beim Porträtschnitt die Möglichkeit, das Motiv mit einem Rahmen zu ergänzen. Damit sind keine Bilderrahmen oder Passepartouts gemeint, sondern ergänzende Bildelemente. Diese Art von Rahmen ist fest mit dem Grundporträt verbunden und bildet einen Teil des Gesamtmotivs. Bei vielen Porträts kann die Wirkung mit Hilfe eines Rahmens unterstützt werden. Die Umrandung ist aber nicht immer und nicht für jedes Motiv empfehlenswert. Ein Rahmen aus Blumenketten oder zarten Zweigen umschmeichelt sehr schön ein Kindergesicht, ist aber für

Es ist nicht einfach, ein Herrenporträt mit Rahmen zu entwerfen, da leicht eine kitschige Wirkung hervorgerufen werden kann. Daher ist diese Idee mit geometrischen Figuren entstanden. Das Gesicht wird in eine Ansammlung von Kreisen und Rechtecken gesetzt. Der Rahmen wirkt nicht überdimensional und mindert nicht die Wirkung des Porträts.

einen Herren eher unpassend. Das Grundporträt wird mittig auf das gewählte Papier gezeichnet, und den vorgesehenen Rahmen legen Sie um das Gesicht. Eine genaue Planung des Motivs ist wichtig, damit sowohl der Kopf als auch der Rahmen auf dem Papier Platz finden. Der Rahmen sollte nicht zu eng am Grundporträt anliegen, damit das Motiv nicht eingeengt wird. Die Umrandung muss mit dem Kopf verbunden werden, sodass nach dem Schneiden ein zusammenhängendes Bild vorliegt.

Kindergesichter können auch mit Gegenständen des täglichen Lebens umgeben werden. Für diesen Schnitt werden Spielzeuge zu einem Halbkreis zusammengesetzt. Dieser bildet dann einen abwechslungsreichen Rahmen um das ansonsten einfache Profilporträt.

Das Kinderporträt wird mit wenigen wirkungsvoll platzierten Innenschnitten gefertigt. Der Rahmen besteht aus einer Blumenranke, wodurch dem Kindergesicht zusätzlich Zartheit und Frische verliehen wird. Die Blüten der Ranke sind formgleich mit der Blüte im Haar des Kindes. Das Gesamtmotiv wirkt dadurch ausgeglichener und ruhiger.

Negativschnitt

Beim Negativschnitt wird die Wirkung durch das Gegenüberstellen von hellen und dunklen Flächen des Scherenschnittes erzielt. Diese Technik ist eher für fortgeschrittene Scherenschnittkünstler geeignet, da der Schnitt im Vorfeld sehr genau geplant werden muss und es nur Innenschnitte gibt. Die Motivkonturen werden aus einem Stück Papier herausgenommen.

Das Motiv wird so aufgezeichnet, dass alle stehen bleibenden Stücke eine Verbindung zum Hauptmotiv haben. Diese Verbindungen sollten möglichst ein Teil des Gesamtmotivs sein und nicht aus bloßen Stegen oder Ähnlichem bestehen. Das Motiv muss alle Details, die sonst durch Außenkonturen leicht darstellbar sind, enthalten. Es ist empfehlenswert, mit großflächigen Motiven zu beginnen, da die Perspektive des Negativschnittes am Anfang doch etwas fremd ist.

Haben Sie sich mit der neuen Perspektive ausreichend vertraut gemacht, können Sie mit kleineren Motiven und mehreren Elementen arbeiten.

Eine Variante des Negativschnittes ist die Kombination mit dem klassischen Frontporträt. Dabei wird beispielsweise eine Gesichtshälfte als Negativschnitt gearbeitet, und die zweite Seite erhält wie gewohnt Außenkonturen. Dabei muss auf den genauen Motivübergang an der Mittellinie geachtet werden.

Ausführung

1. Schritt: Die einzelnen Elemente des Porträts werden aufgezeichnet. Alle zusammen bilden später das Gesamtmotiv.

2. Schritt: Beginnen Sie mit dem Ausschneiden der vorgezeichneten Flächen.
Wenn Sie in diesem Stadium der Arbeit Ihr Werkstück einmal umdrehen und die Papierseite ohne Zeichnung betrachten, ist das eigentliche Porträt noch nicht eindeutig erkennbar.

3. Schritt: Das Porträt ist fertig, wenn alle Flächen herausgeschnitten sind, die zum Gesamtmotiv gehören. Das Porträt ergibt sich aus den einzelnen Flächen und ist deutlich sichtbar. Das fertige Werkstück wird nur noch umgedreht, damit die hellen Striche der Vorzeichnung nicht mehr zu sehen sind.

Bei diesem Beispiel wird die linke Bildhälfte in der Negativtechnik angefertigt. Die Gesichtsstrukturen werden aus dem Blatt Papier herausgeschnitten, das Motiv hat keine Außenkonturen und setzt sich nur aus den herausgeschnittenen Stücken zusammen. Die rechte Bildhälfte besteht aus einem klassischen Porträt, hier werden alle Elemente zu einem Gesamtstück ergänzt.

Porträts lassen sich über die Mittellinie spiegeln. Dieser Effekt wird erzielt, indem das Papier vor dem Aufzeichnen des Porträts mittig gefaltet wird. Dann schneidet man beide Papierlagen gleichzeitig.

Das eigentliche Gesicht wird mit wenigen großen Innenschnitten lediglich angedeutet. Dadurch erhält das Gesicht besonders markante Züge. Die linke Porträthälfte entfällt.

Der Negativschnitt bietet viele Variationen, er muss nicht immer durch große Innenschnitte entstehen. Mit zarten kleinen Linien lässt sich ein eleganter Negativschnitt anfertigen. Dieser ist zwar arbeitsintensiver, aber die Personen sind anschließend sehr deutlich erkennbar.

Berühmte Köpfe

Es gibt viele Möglichkeiten, die Porträts von berühmten Personen einzusetzen. Beispielsweise kann man für eine Kostümpartie ein Porträt von Zorro auf einer Einladungskarte integrieren. Die Herstellung ist relativ einfach, denn diese Personen sind häufig in Zeitschriften abgebildet. Lassen Sie sich von dem Bildmaterial inspirieren.

Hierbei handelt es sich um einen Negativschnitt des amerikanischen Präsidenten Abraham Lincoln. Die bekannte Denkerpose ist auf den Kopf reduziert und in verschiedenen Größen gefertigt.

Das Frontporträt zeigt den bekannten Schauspieler James Dean. Durch Hilfslinien und geschickt angelegte Schatten können Augen- und Mundpartie fest mit dem Gesamtmotiv verbunden werden.

Moderne Porträtformen

Es hat sich bereits gezeigt, wie vielfältig Porträts gestaltet werden können. Die Ausdrucksmöglichkeiten lassen sich noch weiter ausbauen, indem man abstrakt künstlerische Variationen hinzunimmt.

Persönlichkeitsporträts

Bei dieser sehr individuellen Porträtform benötigen Sie umfangreiches Wissen über die Gewohnheiten, Hobbys und Vorlieben der abzubildenden Person. Im Motiv soll zusätzlich zum Äußeren der Charakter mit erfasst werden. Das Offensichtliche wird mit dem Verborgenen kombiniert und als Ganzes dargestellt. Für die Umsetzung müssen Sie sich für eine Grundform, Frontperspektive oder Profil, entscheiden.

Fertigen Sie sich eine Zeichnung an. Die verschiedenen Charaktereigenschaften ergänzen in Form von Bildsymbolen das Porträt und werden nach und nach dazugezeichnet. Wichtig ist, dass auch hier alle Teilmotive miteinander verbunden sind. Planen Sie also die Aufteilung des Papiers und die Lage der einzelnen Teilmotive genau ein. Ist die Zeichnung schließlich vollendet, können Sie mit dem Schneiden beginnen.

Ausführung

1. Schritt: Bereiten Sie Ihren Scherenschnitt gut vor.
Zunächst wird das eigentliche Porträt, in diesem Fall ein Profilporträt, aufgezeichnet.

2. Schritt: Nun werden die gewünschten symbolischen Elemente in das Porträt eingefügt. Achten Sie darauf, dass alle Elemente zusammenhängen. In diesem Beispiel werden ein Fahrrad und ein Weinglas mit Trauben ergänzt. Ein Teil des ursprünglichen Kopfes wird in der Zeichnung für das Persönlichkeitsporträt nur angedeutet, da die zusätzlichen Elemente auf diese Weise besser mit dem Porträt verschmelzen.

3. Schritt: Ist Ihre Zeichnung fertig, beginnen Sie mit dem Schneiden. Zuerst werden die kleinen Innenschnitte gearbeitet, und anschließend, wenn diese Schnitte vollständig ausgeführt sind, geben Sie Ihrem Persönlichkeitsporträt noch Außenkonturen.

Dieser Porträtschnitt verbindet das Profil mit den Charakterzügen und Interessensgebieten der Frau. Der Baum symbolisiert die Verbundenheit mit der Umwelt, die Sonne steht für ein fröhliches gutgelauntes Wesen, und die Blumen deuten auf einen empfindsamen Charakter hin.

Hier sind die Interessen und Vorlieben der porträtierten Person deutlich erkennbar. Seefahrt und Meer spielen für diesen Mann eine große Rolle. Die einzelnen Elemente werden mit dem Basisporträt zu einem umfangreichen Scherenschnitt verbunden.

Um Gewohnheiten, Interessen und Lebensumstände einer Person in ein Porträt einzubinden, sind zusätzliche Motive notwendig. Als Hilfestellung und Anregung finden Sie hier einige Motive vorgestellt, die sich dazu eignen, Charakterzüge zu versinnbildlichen.

Ein Wolkenbruch passt zu einem aufbrausenden Charakter, manchmal eignet sich dieses Motiv ebenso für einen verschlossenen Menschen.

Dieses Häuschen mit Baum weist auf einen ruhigen häuslichen Typ hin, der ausgeglichen und bodenständig ist.

Bücher sind natürlich das richtige Symbol für Leseratten und Menschen mit großem Wissensdurst.

Blüten eignen sich, um empfindsame Wesenszüge anzudeuten.

Die Sonne steht für einen fröhlichen lustigen Charakter.

Ein Pilz drückt die Vorliebe für Wald und Feld aus und lässt sich gut für einen Naturmenschen einsetzen. Dieses Symbol ist aber auch für einen Feinschmecker geeignet.

Material-Mix

Bei dieser etwas ungewöhnlicheren aber sehr dekorativen Technik werden die traditionellen Materialien mit ganz anderen kombiniert. Dies können kleine Metallelemente, Steine, Federn, Ketten oder Ähnliches sein. Bevor Sie beginnen, sollten Sie sich überlegen, ob Sie das Porträt im Profil oder in der Frontansicht arbeiten wollen. Beide Möglichkeiten lassen sich gut mit anderen Materialien kombinieren. Wollen Sie beispielsweise ein Auge durch einen schönen Stein ersetzen, sollten Sie einen Mandelförmigen wählen. Es sind im Hobbyfachhandel aber auch schöne Metallzierelemente erhältlich, die sich als Mund oder Nase verwenden lassen. Ketten können vielseitig, etwa als Abgrenzung der Haare, eingesetzt werden. Fremdmaterialien lassen sich natürlich auch ergänzend als Schmuck für das Haar oder als Halskette nutzen. Haben Sie alle Stücke ausgesucht, kann mit dem eigentlichen Grundporträt begonnen werden. Zeichnen Sie die gewählte Grundform auf, und schneiden Sie das Porträt fertig. Anschließend klebt man das Porträt auf einen festen Untergrund. Die Fremdmaterialien werden dann hinzugefügt. Benutzen Sie zum Aufkleben möglichst keinen flüssigen Kleber. Das empfindliche Scherenschnittpapier reagiert sofort auf Feuchtigkeit, und das Porträt könnte sich wellen. Empfehlenswert sind Klebestifte und beidseitiges Klebeband.

Hierbei handelt es sich um ein Frontporträt einer Frau. Die Nase und das rechte Auge werden mit anderen Materialien beklebt und dadurch betont. Die edlen Steine und Schmuckstücke geben dem Porträt etwas Künstlerisches, dennoch sind die Gesichtszüge der Frau durch die Ergänzungen nicht verloren gegangen.

Das Porträt eines Mannes muss nicht unbedingt nüchtern ausfallen, nur weil es sich nicht unbedingt mit Schnörkel verbinden lässt. Bei diesem Beispiel wird ein Stück Alufolie als Hintergrund eingearbeitet, die das Gesicht in zwei Bereiche einteilt. Es entsteht ein ausdrucksstarkes Frontporträt, das sich in einem Bilderrahmen gut als Geschenk ausmacht.

Abstrakte Arbeiten

Anders als bei allen anderen Techniken des Porträtschnittes wird bei abstrakten Arbeiten die Ähnlichkeit mit lebenden Personen nicht als notwendiger Bestandteil betrachtet.
Die Kunst der abstrakten Darstellung ist es, das Wesentliche, das üblicherweise unter der Oberfläche verborgen ist, zu zeigen. Abstrakte Köpfe sind nicht immer schön und weichen oft von der gewohnten ästhetischen Darstellung ab. Bei einigen Arbeiten gelingt es, noch den Bezug zur Realität herzustellen, bei anderen ist dieses gar nicht erst beabsichtigt.
Eine Form des Abstrakten ist die Karikatur, die mit überdimensional großen Köpfen, unförmigen Nasen und Ähnlichem arbeiten kann.

Wenn man in der Kunst des schwarzen Papiers ein bisschen geübt ist, wird man häufig gebeten, doch einmal für eine Hochzeit oder eine Taufe einen Scherenschnitt zu entwerfen. Dies ist eine Anregung für ein Partnermotiv. Der Schnitt bildet eine Art Herzform, die aus den Profilporträts zweier Personen besteht.

Dieser Frauenkopf ähnelt keiner lebenden Person. Dargestellt sind die für ein Porträt wesentlichen Elemente.

Das Gesicht der jungen Frau wird nur angedeutet. Es gibt weder Hals noch Hinterkopf. Die wichtigen Elemente wie Augen, Mund und Nase arbeitet man in groben Schnitten aus. Die Motive verlieren jedoch nicht ihren Bezug zur Realität

ENGLISCH VERLAG

kreativ

ISBN 3-8241-0803-8
Broschur, 64 Seiten

ISBN 3-8241-0601-9
Broschur, 64 Seiten

ISBN 3-8241-0663-9
Broschur, 64 Seiten

ISBN 3-8241-0988-3
Broschur, 32 Seiten

ISBN 3-8241-0862-3
Broschur, 32 S., Vorlageb.

ISBN 3-8241-0929-8
Broschur, 32 S., 2 Vorlageb.

Lust auf Mehr?

Liebe Leserin, lieber Leser,
natürlich haben wir noch viele andere Bücher im Programm.
Gerne senden wir Ihnen unser Gesamtverzeichnis zu.
Auch auf Ihre Anregungen und Vorschläge sind wir gespannt.
Rufen Sie uns einfach an oder schreiben Sie uns.

Englisch Verlag GmbH
Postfach 2309 · 65013 Wiesbaden
Telefon 0611/9 42 72-0 · Telefax 0611/9 42 72 30
E-Mail info@englisch-verlag.de
Internet http://www.englisch-verlag.de